소리로 오는 가을

소리로 오는 가을

초판 1쇄 발행 2025년 12월 18일

지은이 이순금
펴낸이 장길수
펴낸곳 지식과감성#
출판등록 제2012-000081호

교정 김지원
디자인 정윤솔
편집 이현
검수 정은솔, 이현
마케팅 김윤길

주소 서울시 금천구 벚꽃로298 대륭포스트타워6차 1212호
전화 070-4651-3730~4
팩스 070-4325-7006
이메일 ksbookup@naver.com
홈페이지 www.knsbookup.com

ISBN 979-11-392-2977-6(03810)
값 12,000원

지식과감성#
홈페이지 바로가기

소리로 오는 가을

이순금 시집

지식과감정#

여는 글

어린 손주들을 돌보며
반짝이는 모습들을 혼자 보기 아까워
동시집 《엄마 손이 토닥토닥》을 펴낸 지
10여 년이 지났습니다.
보이지 않는 시어들을 찾아
나뭇잎이며 꽃잎들의 감정들을 읽어 내느라
애쓴 시간들이 이 시집에 담겼습니다.
은은한 노을과 바람으로 짜낸
아름다운 시를 바다에서 건져 올린
어른들을 위한 동시에 가깝습니다.
이 시를 읽는 모든 분들의 삶이
봄날 같은 나날이 되기를 바랍니다.

2025년 가을 이순금

목차

1장 강물에 뜬 보름달

2장 조각 이불

3장 소리로 오는 가을

4장 꽃은 시선으로

5장 예쁘네

1장

강물에 뜬 보름달

강물에 뜬 보름달

강가를 걷다가
강물 속에 빠진 달을 보았다
미처 빠져나가지 못한 해 아래
서성이다가 강물 속에 제 몸을 넣었나 보다

서서히 물에 잠기더니
물속에 둥지를 틀고 앉아
가을이 가는 소리를 듣고 있다

나뭇잎들도 물가에 쪼그리고 앉아
지는 해를 배웅하고
오는 밤을 맞이하고 있다

강물에 뜬 보름달은
오늘 밤 누굴 위해
시를 쓰는 걸까?

내 나이

피자도 할인
우유도 할인
양파도 할인
모두 다 할인이라는데

그런데
절대 안 되는 게
하나 있다

아득한
세월의 주름살을
감출 수 없는
내 나이

눈물 꽃

햇살 알갱이들이
바닷물에 제 몸을 내려놓는다

넘실대는 파도를 밀어내고
오로지 자신과 싸웠다

가끔
하늘도 바람을 풀어
짜디 짠
눈물 꽃을 피워 냈다

바다의
눈물이 출렁이다
뚝!
그친 소금

늙은 엄마

나는 엄마가 되었다
할머니도 되었다

그러나
나에게는 엄마가 없다

나이 먹은
늙은 엄마도
엄마가 보고 싶을 때가 있다

여리디여린 아가처럼
나도 엄마가 늘 보고 싶다

시장에 가면
머리핀
고구마
찐빵
뭐든지 살 수 있다

나도 엄마를 사고 싶다

달빛 한 줌이 내 안에 들어왔다

무더위가 계속되는 한여름 밤
기다리고 기다려도 잠은 오지 않고
선풍기 바람만 내 몸을 스치고 간다

인견 이불로 배를 살짝 덮었다
까슬까슬한 촉감
맨살에 감기는 이불 주름이 선 듯하다

연둣빛 나뭇잎 무늬가
그늘을 만들었는지
어디선가 서늘한 기운이 서린다

바스락 소리에 둘러보니
창문에 어리는 달빛 그림자
방으로 살며시 들어와 가만히 누워있다

집 나간 잠 대신
달빛 한 줌이
내 안에 들어와 잠들었다

도전

가벼운
바람만 일어도

안타까움에
귀 기울이던 내가

바람 속에 들려온
이야기도
허우적거리던 내가

까마득한
낭떠러지에
몸을 날린다

오늘은
내가 바람이다

돌로미티

잿빛 바위와
푸르른 산이 어우러져
하늘호수를 만들었다

가파른 중턱에 핀 이름 모를 들꽃들의
숨소리가 내 안에 들어와
숨을 멈추게 했다

눈처럼 하얀 구름이
산허리를 휘감아 돌아
저 홀로 깊어가는 사랑을 하다
그저 안개처럼 흩어진다

남겨진 이야기만
뒹구는 계곡 아래
은발의 노부부 그림처럼 걸어가고 있다

눈 안에 다 담을 수 없는 그 순간
스치는 텅 빈 생각
텅 빈 하늘에 매료당했다

멈춘 시간

서랍 속 시계가
내 방을 지킵니다

차마
먼 나라
어머니 따라 못 가고
나를 지키고 있습니다

나직이 귀를 열고
때 묻은
눈물 자국을 훔쳐 주는
어머니의 손 때 묻은 시계

지금도 내 방에
훈김을 채워 주고 있습니다

며늘아기

새색시
우리 집에 오는 날

화초들도 반짝반짝
소파도 반들반들
단장을 한다

식탁 위엔
새콤달콤한 반찬들이
방실방실 웃고

부풀 대로 부풀어
터질 듯한 햇살처럼
이쁜 그녀가 조심조심
걸어 들어오고 있다

그녀의 숨소리
하나하나
세는 동안
복사꽃 향기가
온 집 안에 그윽했다

봄날은 그렇게 갔다

손만 잡아도
온 세상을 가졌던 우리

그 애가 주고 간 오래 묵은 편지
어느 날 문득 말 없는 말들이
잠에서 깨어 걸어 나왔다

멈춰버린 시간 속에서
못다 한 말들은 애절한 눈물 되어
끝없는 길을 적셨다

내 마음에 그 애의 마음이 들어와
마구 뒤엉켜진 실타래는
풀 길 없는 숙제로 남겨진 채
그저 저만큼 흘려보낸다

저녁 햇살을 등에 지고
라일락 향기 그윽한
봄날은 그렇게 갔다

비상

창공을
가르며 펼쳐지는 서정

잠시도 머물지 못하는 시간처럼
혼자서 어디를 저렇게 가는 것일까

더 높게
더 멀리

때로는
멈출 수 없던 순간들을
비바람과 맞서
싸워야만 했던
수많은 나날들

푸르고
넓지만

한없이
오르고 싶고
날고 싶은

너에게로 가는 길

시 쓰기

마음속 골짝
고여 있는 말들을

어떻게 하면
고이 모셔 올까?

생각 끝에
매달려 있는 너

머리부터
발끝까지
온몸으로 번지는 불씨

보이는 것 너머
보이지 않는
너를 찾아 종일 헤맨다

시 쓰는 할머니

서서히
시들어 가는 몸
바스락거리며
마른 잎 소리가 들린다

어려운
숙제들을 풀며
남모르게 질문하며
답변했던 지난날

메마른 감정
여물지 못한 마음에
단비 같은 시를 쓰기 위해 애쓴 시간들

모든 생각들이 일어나
햇살 밖으로 나오면
진액이 될까?

시가 바람에 실려 왔다

연분홍 실크 스카프가
바람에 흔들립니다

그대는 바람의 언덕을 넘어
살포시 내 볼을 스칩니다

나는 만질 수도
볼 수도 없는
그대 이름을 부릅니다

그대는 끊임없이
내 곁을 스쳐 갔지만
나는 미처 눈치채지 못했습니다

내 영혼 깊이 스며들었다가
내가 쳐 놓은 그물 속에 잠겼다가
소리 없이 빠져나갑니다

노오란 봄으로만
대답하지 말고 내 숲으로 들어와
그대가 부르는 시의 노래를
연필로 또박또박
받아 적고 싶습니다

아쿠아로빅

수영장에 물고기들이 놀러 왔다

파란 모자
빨간 모자 쓰고
물고기들이
우아하게 춤을 춘다

물 밖에서는
삐그덕거리던 관절
물속에서는
부드럽게 발레를 한다

몸 여기저기서
비집고 나오는
한숨 소리들이
물보라 치자

사뿐!
인어 공주가 된다

어머니의 겨울

침침한
등잔불 아래
무쇠 화로에는
바알간 숯불이 피고 있었다

불 속에는
언 마음 녹여 줄
고구마가 익어가고 있었다

문풍지 밖에는
외로운 바람이 지나는 소리 들리고

이따금
뒤란에 서 있던 나무가
달빛에 기대어
방문 밖에서 서성이기도 했다

젊은 새댁의 어머니는
무쇠보다 더 단단한 마음으로
밤마다 달빛보다 더 환한
등불을 내다 걸었다

작별에 대하여

너는 늘 나에게 다가왔지만
무심한 나는 잠시 널 바라볼 뿐
마음은 늘 어딘가를 향했다

너는 달아나려는
내 마음 잡으려
어르고 달래고 매달렸다

스스로
온몸을 던져 바람을 가르며
내게 다가와
내 몸속 은밀한 곳까지
다정하게 속삭였다

드디어
나는 새처럼 가볍게
포근함 속으로 흠뻑 빠져들곤 했다

하지만
너와 나의 사랑이 끝날 무렵
너는 홀로 빈방에서
펑펑 울었는지 모른다

선풍기
너는 나와 그해 가을
그렇게 작별했다

카페의 할매들

우리는 커피를 맛으로 먹지 않아
분위기를 마실 뿐이지

칠천 원짜리 칼국수 먹고
팔천 원 하는 커피를 마신다

달달한 카페라떼 한 잔에
스르르 마음이 녹아
겉으로는 웃고 있지만

바람 든 무처럼
공허한 마음에
입속에 숨어 있는 천 개의 말들을
끄집어내어 우아하게 색칠을 한다

젊음에서 멀리 와 버린 지금
만져지지 않은 추억들이
고개 숙여 나를 들여다본다

유리 밖에서 마알간 햇살이 들어와
식은 커피잔을 데우고 있다

한밤중

한밤중
잠에서 깨어
거실로 나왔다

하루 종일 식구들의
작은 소리에도
귀 기울여 주던 소파는
벽에 기대어 잠들어 있다

계속 말을 걸던 티브이도
지친 듯 잠들어 있다

벗어 논 양말도
거실 바닥을 뒹굴며
잠을 청하고 있는데

졸린 눈 부릅뜨고
거실을 지키고 있는 시계 소리

나처럼
잠들지 못하고 있다

2장

조각 이불

눈 지우개

흩어진 말들이
고스란히 앉아 있던 길에도

날아가던 마음들이
조용히 앉아 있던 나뭇가지 위에도

하얀 지우개가
모두 지워 버렸다

이제 그만
잊으라고

꽁꽁 언 호수 위에도
호수의 깊은 비밀을
하얗게 감싸 주고 있다

달님

까만
밤하늘을
온통
다 가진 달님

그래도
뭐가 더 아쉬워

이 집
저 집
창문을 기웃기웃
거리더니

내 잠을
모두 훔쳐 갔다

두고 온 바다

누구 발자국이 더 큰가?
누구 발자국이 더 예쁜가?

바닷가 모래 위에
남기고 간 발자국끼리

요리 재보고
조리 재보고

내가 더 예뻐!
아니야 내가 더 멋져!
잘난 체하자

삐뚤빼뚤
구겨진 말들을
모두 모아
한 번에

싸악
파도가 정리했다

또박또박 걸어가라고

길바닥에서 뒹굴던 나뭇잎이
신발 밑에 딱 붙어서
우리 집까지 따라왔다

가는 눈 뜨고
현관 앞에 오도카니 앉아서

아직도 해야 할 일들이 많은지
들락거리는 식구들 발소리에
귀를 세우고 있다

벗어 논 신발 속에
물씬 물들인 가을볕을
담아 주고 있나보다

또박또박
걸어가라고

물속 길

물 빠진 호수
오늘은 속살을 내놓고 있다

움푹 파인 구덩이
커다란 물고기가
잠시 쉬었다 갔나 보다

새들도
물오리도
물고기들도
발자국만 두고 갔다

물 위를
동동 떠가던 햇살이
오늘은 질척한 길 위에 앉아
젖은 몸을 말리고 있다

바다

멀리서부터
파도를 업고 온
바다는

밤에도
잠들지 못하고

처얼썩
처얼썩

밤새
울고 있다
몸부림치며 통곡하고 있다

반달

나뭇가지에
반달이 걸렸다

둥근달은
누가 한 입 베어 먹고
나뭇가지에
매달려 떨고 있다

반만 남은
저 달은
차마 집에 못 가고
밤새 걸려있다

나뭇가지 사이로
얼핏 보이는
서러운 눈물 자국

밤하늘도
고요히
이불을 덮어준다

산그늘

벌건 대낮에는
수줍어서
산 너머 숨어 있다가

저녁이면
산허리 돌아
골짜기
구석구석까지 내려왔다

가파른 산비탈에
매달려 핀 꽃들의
깊은 비밀을 눈치채고는

산자락을 떠도는
적막함으로 몸살이 나
휘청거리는 산에게

슬며시
제 몸을 풀어
이불을 덮어준다

안개

산이 사라졌다

아침잠 많은 산이
안개 이불을 덮고
아직도 일어나지 않는다

어제 하루 종일
해님과 놀더니
많이 피곤했는지
안개 이불을 덮고 일어나지 않는다

끙
끙
이리 뒤척
저리 뒤척

바람이
아무리 깨워도
늦잠을 자고 있다

오월

이팝나무의 집에는 잔치가 열렸나 봅니다
나뭇잎 위에 하얀 쌀밥을 지어놓고
지나가는 사람들에게 나눠 주느라 바쁩니다

소복소복
고봉밥 차려놓고
지나가는 사람들 마음껏 먹으라고
향기로 부릅니다

먼발치에서 발소리가 들리면
하얀 꽃송이를 흔들며
파르르 파르르
떨림으로 전하고 있습니다

조각 이불

쉼 없이
달려왔을 발에게
미안했는지

햇빛과 그늘이
조각 이불을 만들어
펼쳐 놓았어

꽃잎 몇 장
그려 주고 걸었더니

폭신폭신
마음이 녹는 소리 들렸어

초록물이 들어서

초록물이 들어서
오월의 나뭇잎들이
꽃보다 더 아름답습니다

사알랑
산들바람이 바람이 났나
나뭇잎들에게 소근대더니
햇살도 잎새마다
옮겨 다니며 꽃을 피워 냅니다

나뭇잎들끼리
서로 닿아서
푸르른 빛으로 내는 소리가
벅차오르더니
푸르른 풀내가 나를 따라와

지금 내 안에는
오월의 숲이
꽃처럼 피어나고 있습니다

호수의 비밀

부스스 잠 깬 아침
호수는 커다란
거울을 펼쳐 놓았다

나무들은 헝클어진
머리를 다듬느라
온종일 거울만 들여다보고 있다

드디어
해가 지면
푸르른 그늘 헤치고
우뚝 일어선다

밤이면 밤마다
누구랑 데이트
하러 가는 것일까?
궁금하다

겨울 호수

겨울 호수가
단단히 집을 지었다

꽁꽁 싸매고
모습을 감추었다

아직 집을 찾지 못한
바람이 문을 흔들었으나
꿈쩍하지 않았다

새들도 와서
노래를 불렀으나
아무 말도 하지 않았다

그때
햇살이 기웃거리자
쩌 억!
드디어 입을 열었다

노을

산 너머 해가
저물어 가는
시간이 되면

붉은 노을
펼쳐놓고

햇살 알갱이 들을
거둬들이느라 바쁜 저녁

바람도 가만가만
집으로 가고 있다

눈길

산이
들이
그림을 그리고 싶어서
흰 도화지를 펼쳐 놓았다

무얼 그릴까?

밤새 고민하다가
아침에 눈을 떠보니
누군가 그려 놓은 그림

맨 가슴
순결같이
남아있는
발자국 도장

3장

소리로 오는 가을

고목

소리 없는 시간이 지나가는 사이
나무도 나이가 들었다

검버섯 덕지덕지 붙은 나무
할머니 손등 닮았다

쭈글쭈글 깊이 패인 주름
모진 세월 튼살 사이로
바람이 지나간다

험난했던 자연의 시간들이
고스란히 쌓여간다

둘이는 말하지 않아도
깊은 마음 닮았다

그늘 속에 들어간 나무

나무는 모두 잠든 밤에
홀로 깨어 밤길을 지켰다

고단한 몸
쉬어 가라고

아침 호수가
누울 자리를 내어 주었다

그제서야 제 몸을
물속에 풀어 놓았더니

햇살도
말간 이불을 덮어 주었다

꽃달임

새봄에 제일 먼저 찾아온 손님
가지 끝에 다소곳이 앉아있다

가녀린 얼굴 부끄러워
살짝 웃고 있다

꽃샘바람에 코가 알싸해
꽃잎이 바들바들 떨고 있다

집으로 데려와
꽃달임으로 몸을 데워줘야겠다

나뭇잎 사잇길

나뭇잎
사이사이에 길이 있다

바람
한 줄기 지나가고

햇살
한 움큼 앉았다 가고

속잠 깨운
한숨 소리도 지나가고

지금 마악
오늘이 지나가는 소리도 들린다

늦잎

텅 빈
나뭇가지 끝에
대롱대롱
매달린 나뭇잎 하나

서서히
죽어가는 몸은
간절하다 못해 시리다

마주한 눈빛
애처로워
파르르 떨고 있다

잡힐 듯 잡히지 않는
희미한 기억만이
나를 붙들고 있다

나는
아직
살아 있다

목련

혹시나
지나가던
그대가 보아 주려나

목련 나무는
밤새 시를 써서
나뭇가지에 걸어 두었다가

차마
부끄러워
구겨 버린
눈물 젖은 하얀 별

생각 깊은 나무

허공에
길도 없는데

무슨 생각으로
저토록
높이 올라갔을까

구름사다리
타고 갔나
두둥실
바람 따라 올라갔나

생각 깊은 나무
가장 위에서
티 나지 않게

마중 나온 햇살에게
가만가만
잎새 의자를
내어주고 있다

성난 뿌리

덩치 큰 나무 아래 사는
뿌리가 성이 났다

비좁다고 꿈틀
답답하다고 들썩

무슨 할 말이 많은지
땅속에 자라지 못하고
몸을 비틀며 세상 밖으로 나왔다

어디로 갈까
아득하고 목마르다

나무의 속뜻을
눈치챈 바람이 달려왔으나

할 수 있는 일은
아픈 가지만 흔드는 일뿐

소리로 오는 가을

몇백 년을 견딘
소나무 언덕길 끝
억새가 나를 반긴다

햇볕에 부풀 대로
부풀어 올라
허연 머리카락을 흩날리고 있다

구름 한 점 없는
텅 빈 하늘 아래
가득 채운 억새 바람

따스했던 기억들이
시간에 기대어
서걱거리며 울고 있다

오래 묵은 내가 할 수 있는 건
소리로 오는 가을에게
내 마음을
묻어 두는 일뿐

잡초

뽑아내도 또 올라오고
캐내어도 또 살아나고

질긴 목숨 어찌할까
할머니 한숨 소리

끄으응 끄으응
애끓는 소리에

말 없는 풀들이
할 말이라도 있는 듯
끙끙대다가

슬쩍
거친 할머니 손에
풀내를 쏟아 놓는다

새색시 풀내

쥐똥나무

향기로운
밥 드시고 가세요

다닥다닥
흰 쌀밥 내다 건 나무

햇살도
식을까 봐
따슨 밥으로 데워 놓았다

배고픈 바람
꼴깍꼴깍
혼자 먹다 흘리고 갔나

길 위에
향기 그윽하다

코스모스

땅속에 잠들어
머물렀던 시간들이
일제히 일어섰다

부서진 마음 조각들이
한 곳으로 향했다

들판에
연분홍색을 풀어

입술을 깨물며
연약한 얼굴을
밀어 올렸다

그동안
숨겨왔던 시간들을
마음껏 꽃피우고 있다

할머니의 꽃밭

주름진 손으로
한 올 한 올 곱게 빗겨
땋아 올려 묶고는

나비 핀
장미 핀
해바라기 핀
그리고 멍멍이 핀까지

할머니의 꽃밭을
손녀딸 머리 위로 옮겨 왔다

고것 참 예쁘기도 하지

산책길

산책길이 밴드를 붙이고 누워있다
비가 오나 눈이 오나 바람 부나
손을 내밀어 주던 길이 오늘은 많이 아픈가 보다

매일매일 밟히고 차이고
얼마나 상처가 깊으면
오늘은 밴드를 붙이고 누워 있는 것일까?

길도 가끔은
혼자 조용히
쉬고 싶을 때가 있나 보다

매일 통행료도 안 받고
몸을 그대로 내주다가
그만 병이 났나 보다

이야기 할머니

책 속에서 잠만 자던
수많은 글들을
깨워야 할 시간이에요

어서 일어나!
흔들어 보고
쓰다듬어 안아도 보아요

한 글자 한 글자
안아주고 달래 줘야 해요

겨우 눈뜬 이야기들을
데리고 나와

흩어질까?
깨질까?
사라질까?

고이고이 모셔 와
머릿속에 저장하고
꼭꼭 마음속에 품었다가

망울망울 고운 눈빛
여리디여린 꼬마 친구들에게
나눠 주러 가야 하지요

폭포

두려움의 물떠러지
폭풍 같은 순간

그 끝에
아슬아슬하게
매달렸다

순간
숨이 멎고
빛보다 더 빠르게
쏟아져 내렸다

마침내
땅 위에 떨어져
뭉쳐진
신의 눈물

4장
꽃은 시선으로

가방

까만 가방이
배를 가득 채웠다

옷도 꾹꾹
책도 꾹꾹
차마 하지 못한 말까지 채웠다

가다가
멀미하면 어쩌려고

덩그러니
앉아서
입술 꼬옥 다문 채
눈물 글썽이고 있다

골목길

후미진 골목길은
뭐든지 꽁꽁이다

수미랑
민서랑
살짝 손잡은 곳

엄마한테
야단맞고
몰래 눈물 훔치던 곳

밤늦게까지
일하고 오시는
아버지의 무거운 발자국 소리 들리던 곳

그리고
이 동네 바람과
저 동네 바람이 만나
아무도 모르게
꼬옥 껴안던 곳

거기서
너와 나
우리가 되었던 곳

꽃은 시선으로

꽃은
시선으로 더 빛난다

햇살 한 줌
바람 한 줄기도
그냥 지나가지 않는다

만져주고
스쳐가고
머물고

마음 한 자락 내려놓고
그윽한 눈길 보태서
환한 빛으로 일어선다

나의 봄으로
너의 봄으로

내 마음

희미한 내 마음
보이지 않을 때

깊이 잠든
나를 깨우러 나갔더니

호수는
마알간
햇살 이불을 덮고

일렁이는 잔물결은
바람을 태우고
어디론가 흐르고 있었다

내 마음도
한 자락 내려놓았더니

그제서야
내가 보였다

다이어트

꼬르륵
주인님은 오늘도 나에게
먹을 것을 조금만 주셨다

꼬르륵
참아야 한다

꼬르륵
물이 들어왔다
벌컥벌컥
물배만 채우고

오늘 밤도
물속에서
허우적거린다

나는
내가
참 불쌍하다

도서관에서

더위를 피해 도서관으로 피서를 왔다
빼곡히 꽂혀 있는 책 중에서
우선 제목이 근사한 것을 골라 빈자리에 앉는다
돋보기안경 쓰고 작가의 프로필 보고 책장을 넘겼다
무슨 내용일까?
사람 사는 이야기 같기도 하고
사랑 이야기 같기도 하다

읽다 보니 나도 모르게 눈이 사르르 감긴다
나른하고 달콤한 아랫목에 누운 것처럼
깊은 수심을 녹일 듯 노골노골해진다
몸과 마음이 가만히 가라앉아
무아지경에 이를 때쯤

눈을 번쩍 떠 창밖을 보니
푸르른 나무도 커다란 하늘색 책을 펼쳐 놓고
햇살이랑 바람으로 그린 그림책을 보고 있다

졸고 있던 내 눈과 마주치자
찰찰찰
맑은 소리가 내 마음속으로 들어오는 거 같아
나는 얼른 정신을 차리고 책을 들었다

무너지던 날

마음속 깊이
엎드려 있던 눈물이

오래 참고
오래 기다리고
오래 숨죽이다

끝내
한순간
터지고야 만

수도꼭지
눈물바다

저문 하늘에 걸린
노을도 울고 있었다

버스 안

저마다
다른 사연 싣고 가는
버스 안

라디오에서
은은한 첼로 연주가
흘러나왔다

무심한 얼굴들
마음속에는
지금 마악
봄이 시작되었다

의자에 몸을 기댄 채
아득한 꿈길 열며

마음과 마음이
한데 모여
버스를 끌고 가고 있다

벤치

무슨 생각이 그리 많은지
하루 종일 함초롬히 앉아서

사람들이 흘리고 간
이야기를 주워 담고 있다

바람이 살랑거려도
지그시 눈 감고 기대어

어떻게든 끌어안느라
무던히도 애쓰고 있다

빈 마음

마음이 만져지지 않는 날
텅 빈 하늘에 바람이 분다

불쑥불쑥
고개 내민 뒤엉켜 있는 마음

그저
살짝 비껴 나가기를 바라며
안개 속을 중얼거리며 걸었다

마음 삭이기 좋은
호숫가 벤치가
나를 불러 앉혔지만

텅 빈
쌀독 같은 마음은
언제쯤 채워질까?

생각

많은 생각들이 쌓인 벤치는
오늘도 그대를 기다립니다

혼자서 조용히 한숨을 쉬며
내려놓은 이야기를 숨죽이며
다 듣고 있다가

구겨서 버린
이야기들이
젖은 나뭇잎처럼
길바닥에 헤매자

햇살을 불러
조물조물 반죽해서
연하고
순하고
부드럽게 만들어

보여 주려고
그대가 오기만을 기다립니다

어디든 가서

가는 눈발이
깃털처럼 날린다
어디든 가서
닿기만 해라

생각들이
고요히 내려앉은
길 위에 떨어져 쌓이면
누군가 눈길을 걸어가
뽀드득뽀드득
서럽게 울며 따라간다

너른 호수 품에 안기면
순식간에
사라지고 말 운명이지만

운 좋게
나뭇가지에 앉으면
뽀얀 눈꽃이 피어나기도 한다

주인 잃은 책

헌책 속 첫 번째
페이지에 쓰인 글 속에서

꿈틀꿈틀
꿈들이 일어선다

누군가의 마음이 듬뿍 담긴
기쁨과 희망이 묻힌 소중한 편지

십여 년이 더 지난
그때 그 시간들이 깨어난다

아직도 여전히 보이는
그때 그 이름 그 마음

윤정아! 사랑해
주인 잃은 그 책

터널

동굴이
입을 쩌억 벌리자

열린 입속으로
빨려 들어가는 자동차

빠앙
메아리를
끌고 사라진 길

이 산과
저 산
두 봉우리는 만날 수 없어

아득히
바라보고만 있다

향기로운 날

오랜만에
할머니 집에 놀러 온
행운목 꽃향기

어디에 숨어 있다
깨어나는 향기일까

긴 얘기들이
한데 모여 있는
낡은 소파 모처럼 빙그레 웃는다

넌지시
건너다보던
오래된 장롱도 오늘은 빛이 난다

낡은 화장대
굳어버린 분통을 열어
진한 향기를 채워 주고 있다

할머니 잔주름에
향내가 번지는 날

5장
예쁘네

몰래 잡은 손

잠든 너의 곁에 누워
너의 손을 몰래 잡아 본다

고물고물 고마운 손이
부드럽게 만져진다

네가 잠든 사이
몰래 가져온 것은
손뿐이 아닌가 보다

눈에 보이지 않은
네 마음도 함께 따라와

내 잠에 스며들어
깊고 따스히 만져진다

빨랫줄

우리 집
빨랫줄은 꽃밭이다

섬유 유연제의
보랏빛 향기

햇살이
물들여 놓은 말간 향기

다독다독
젖은 몸을 말려 주시던
어머니의 눈물 자국도 보인다

상장

아무도 없는 집
누가 시키지 않아도

청소를
시작합니다

저 혼자 말하고
저 혼자 이 방 저 방 다니며
먼지 한 톨까지
싹쓸이하고도 모자라

어젯밤 흘려버린
한숨 덩어리
여기저기 널브러진
찌든 마음 조각들까지
싹 다 먹어 치우고

창가의 화분이 슬쩍 웃어주자
시침 뚝 떼고 충전 중인
청소기이므로
이 상장을 수여합니다

소풍

보송보송
햇병아리 같은
솜털 같은 나린이

샘물처럼
맑은 마음에
금빛 햇살 쏟아져

날마다
빛 고운 이야기를
술술 풀더니

어젯밤
설레임에
잠 못 들더니

친구들과
난생처음으로
놀이공원으로 소풍을 갔구나

아가

여린 숨소리
어디서부터 오는 소리인가

깊은 산골짜기 안개 타고 내려왔나
은은한 달빛 타고
호수 위를 깃들다가 스며들었나

뽀얀 얼굴
반짝이는 눈망울
여리디여린 숨소리
기쁨의 시간은 어디서 시작되었나

은은한 달빛에 스미어
깊은 골짜기
안개등을 타고 내려오신 손님

네가 오던 날은
기쁨이 겹겹이 쌓여 내 마음 온통
너로 가득 차올라
오렌지빛의 달콤한 물이
가득 고였네

예쁘네

꽃잎에
내리는 햇살
톡
건드려 보았더니

노오란
햇살 알갱이들
좌르르
터지네

예쁘네!!!!

소리에
깜짝 놀라
여린 꽃잎 떨어질라

바람도
살포시 앉는다

유모차

등 굽은 할머니
유모차에
아기가 아닌
강아지를 태우고 가고 있다

아기는 어데 가고
강아지가 눈을
동그랗게 뜨고
할머니와 함께 가고 있다

오늘은 아기 대신
강아지가 주인인가 보다

서로에게 기대어
고요히 멀어져 가는 유모차

자기들끼리

아기 새들이
쉴 새 없이 질문을 한다
어? 어? 어?

엄마 새가
쉴 새 없이 대답을 한다
아. 아. 아.

나무는 나무끼리
바람은 바람끼리
우리는 우리끼리

서로서로
통하는 것처럼

새들도 새들끼리
노래한다
운다
웃는다

그리고
아프다

키 재기

어린 손녀가
올 적마다
벽에 심고 간 덩굴 자

한 뼘
한 뼘
자라나 올라가는 파란 덩굴

목마른
벽에 기대어
싱그런 이야기 듣고
몰래몰래 자라났나

물도 안 먹고
햇살도 없이

벽을 타고 올라
천장까지 닿겠네

해 지는 바다

저무는 해가
바다에 빠져
허우적거리자

바다는
출렁이며
금빛 그물을 펼치더니

더위에 지친
뜨거운 해를
한입에 꿀꺽 삼켰다

그러자
금빛 모래알들도
서둘러
숨어 버렸다

햇살 뜨개질

나뭇잎
지붕 사이로
햇살이 뜨개질하고 있다

허공에
은빛 실을
아슬아슬 펼쳐놓고

햇살 한 줄
바람 한 줄
마알간
햇물 들이고 있다

구름도
보란 듯
뽀얀 속살 내보이며
두둥실
웃고 있다

뒤안길

서늘한
바람들이
모여서 노는 곳

눈부신 햇살에
떠밀려 온 바람들이
모여서 수군수군

서늘한 바람마저
서러워 서걱이며
울고 있는 뒤안길

바람이 되어

초록이 물드는 이 계절
가만히 다가오는 바람처럼
나도 바람이 되어 본다

함께 마주한
그대 마음속에도
들어가 조용히 숨 쉬고 싶다

그대가 내쉬는
한숨 소리 따라
그대의 눈길이 닿는 곳에
나직이 몸을 흔들고 싶다

그대의 마음속에
아슬아슬하게 달려 있는
따스한 기억들을 꼬옥 잡고서

초록물이 들어
그대 곁에
늘 머물고 싶다

욕심

거미가
창문 난간에
아슬아슬하게
집을 지었다

여긴 우리 집이야
들어오면 안 돼

나는 거미집을
마구마구 부셔 놓았다

벌써 거미는
눈치를 채고
어디론가 사라졌다

어디선가
나를 노려보는 것만 같다

느림보 강물 길

깊은 산골짝에서
시작된 아기 물들이 길을 나선다

돌부리에 걸리고
웅덩이에 빠져
흙탕물이 되기도 하지만

졸졸졸
작은 물들이
굽이굽이 돌아
수천 번 몸을 뒤척이면서도
앞질러 가지 않는다

가다가
빗방울들이 내려와
한 몸으로 뭉쳐
커지고 커져

마침내
멈출 수 없는
강으로 흘러

느리게

느리게

느림보 강물이 되었다